FERRET · 1972

RÉSUMÉ ANALYTIQUE

DES

LOIS ET RÈGLEMENTS

CONCERNANT

LE RÉGIME COMMERCIAL DE LA CORSE,

PAR

CHARLES VERNET

2ᵉ Commis de la Direction des Douanes de Bastia.

BASTIA

DE L'IMPRIMERIE FABIANI.

—

1866.

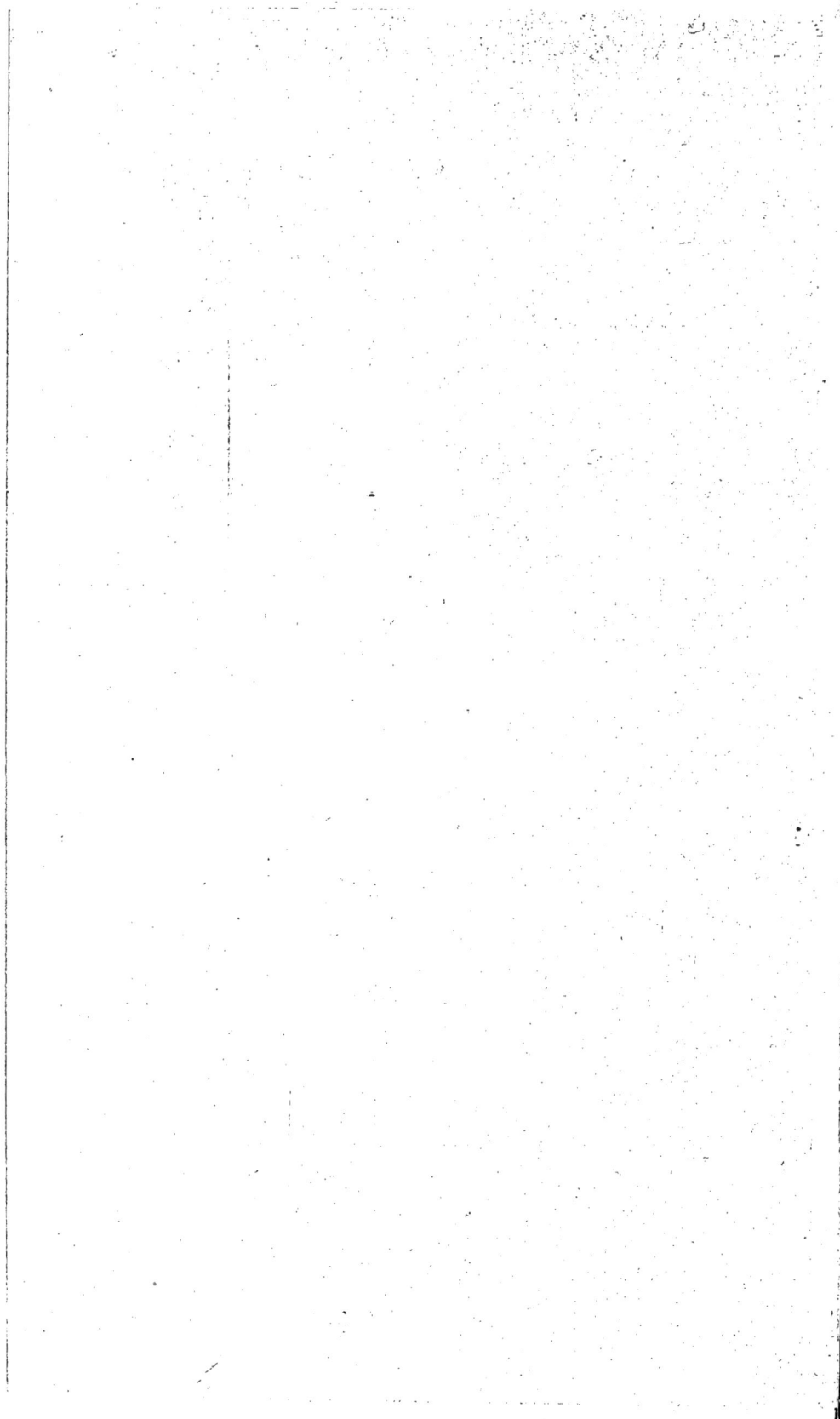

RÉGIME COMMERCIAL

DE LA CORSE. 4954

(C)

RÉSUMÉ ANALYTIQUE

DES

LOIS ET RÈGLEMENTS

CONCERNANT

LE RÉGIME COMMERCIAL DE LA CORSE,

PAR

CHARLES VERNET

2ᵉ Commis de la Direction des Douanes de Bastia.

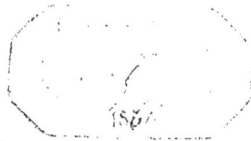

BASTIA
DE L'IMPRIMERIE FABIANI.

1866.

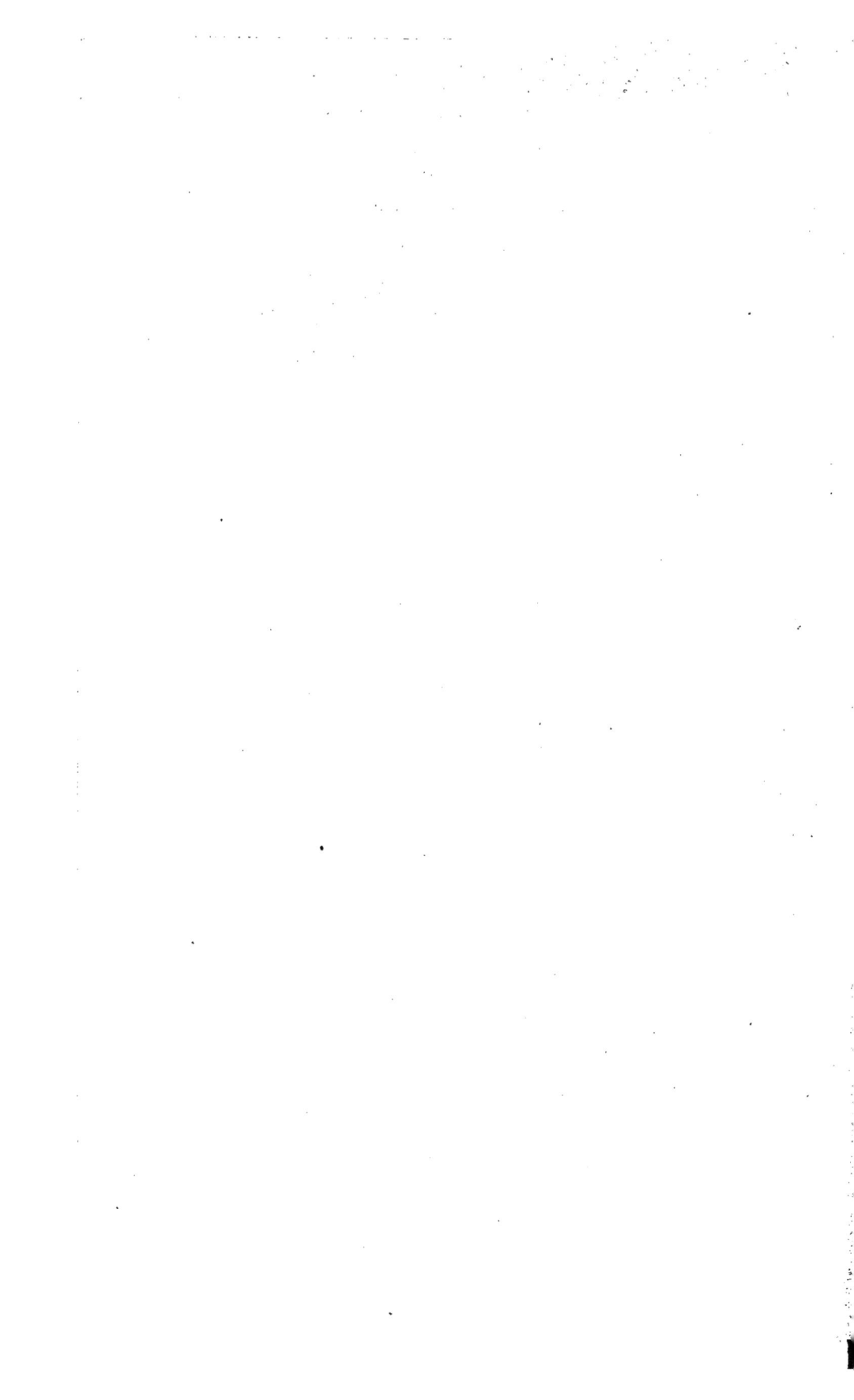

AVERTISSEMENT.

Le Régime commercial de la Corse a été spécialement réglé par la loi du 21 avril 1818. Divers actes législatifs et de nombreuses décisions ont successivement modifié et complété ce Régime. L'étude que nous avons dû en faire, comme employé attaché à la Direction de Bastia, nous a fait constater que sa connaissance et son application exigent des recherches toujours longues et souvent infructueuses et nous a conduit à établir un Résumé de la législation en vigueur.

Ce Résumé n'était d'abord destiné qu'à notre usage personnel, mais plusieurs Chefs supérieurs, à qui nous l'avons communiqué, en ayant reconnu l'utilité pratique, ont bien voulu nous engager à le publier. Nous les remercions de l'indulgence avec laquelle ils ont jugé notre travail.

Le simple avis de la publication de cette brochure a reçu partout l'accueil le plus sympathique : nous en témoignons notre profonde reconnaissance à nos camarades et à toutes les personnes qui ont bien voulu répondre à notre appel. Notre désir est de leur être utile : nous serions heureux d'atteindre ce but.

Bastia, ce 1er octobre 1866.

C. V.

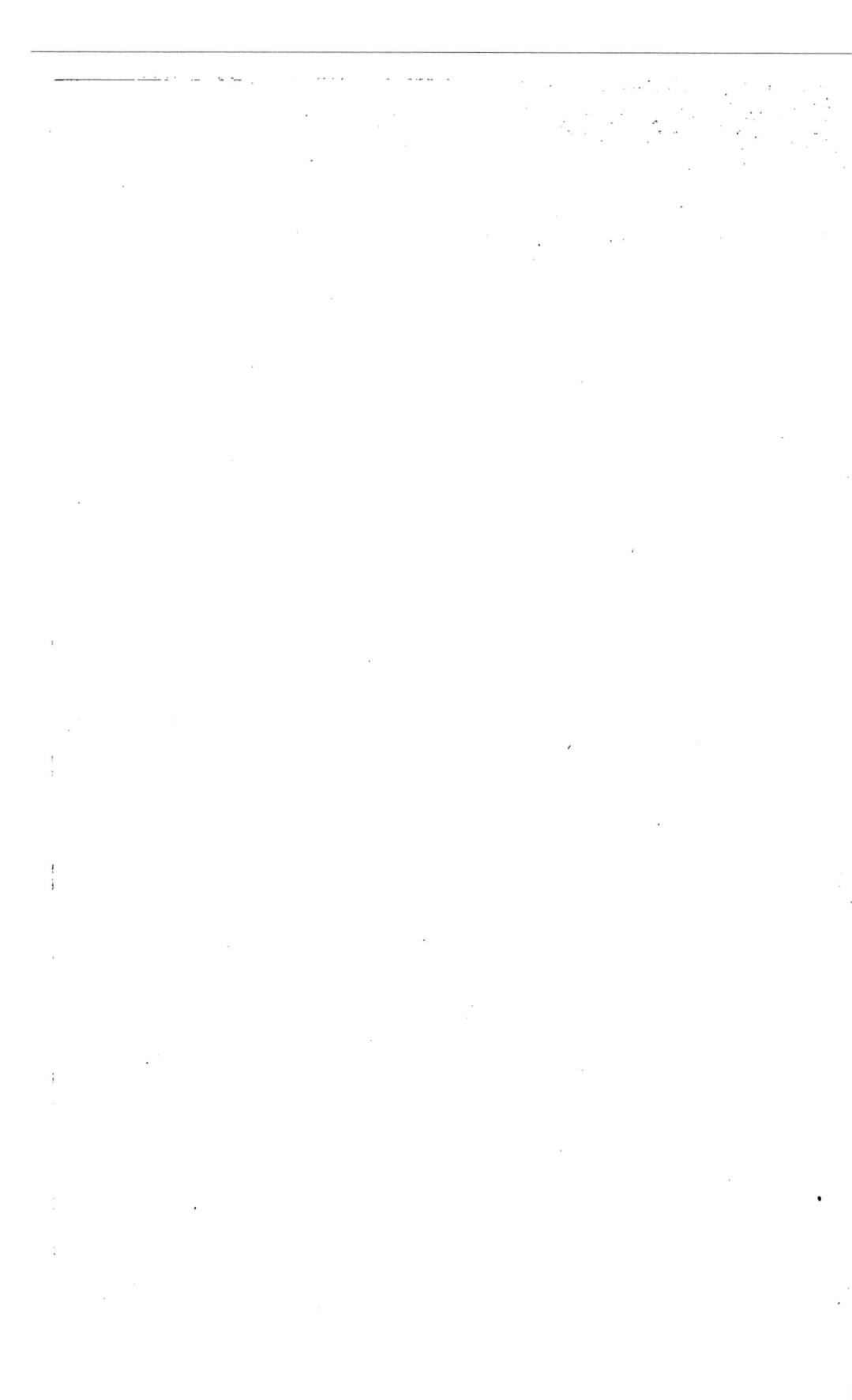

RÉGIME COMMERCIAL

DE LA CORSE.

CHAPITRE PREMIER.

Aperçu historique.

Les auteurs qui ont écrit sur la Corse n'ont laissé
aucun renseignement précis sur son Régime commercial
et douanier jusqu'au moment de l'occupation génoise.
On doit en tirer la conséquence que les relations commerciales de l'Ile avec les contrées voisines n'avaient
pas, alors, une grande importance. L'historien Pierre
Cyrnée nous fait, en effet, connaître que LE NOMBRE DE
CEUX QUI FAISAIENT LE COMMERCE, A CETTE ÉPOQUE, ÉTAIT
TRÈS-PETIT. Comment, d'ailleurs, le commerce aurait-il
pu se développer dans un pays épuisé par des luttes
continuelles et qui a subi des dominations si diverses?

Sous le gouvernement génois, le commerce fut
réglementé, mais exclusivement au profit de la Répu-

blique, ou plutôt de la puissante association financière connue sous le nom de Banque de St-Georges et qui était, en réalité, souveraine de l'Ile. On comprend, dès lors, que les mesures prises par le sénat de Gênes ne pouvaient pas tendre à favoriser les échanges et les transactions. Le commerce n'était libre ni par mer, ni par terre. Les transports par mer, d'un point à un autre de l'Ile, étaient interdits aux bâtiments de la marine insulaire; par terre, il existait des péages d'une province à l'autre et, particulièrement, sur les routes qui aboutissaient au Cap-Corse. Les Génois, qui occupaient les villes du littoral et qui se trouvaient, par suite, en possession de tout le commerce, employaient les moyens les moins avouables pour accaparer tous les produits du pays, qu'ils dirigeaient ensuite sur Gênes.

Les Corses subirent ce régime : ils ne l'acceptèrent jamais. L'histoire nous apprend les efforts qu'ils firent pour s'y soustraire. Ainsi, lorsqu'ils passèrent momentanément sous la domination du duc de Milan, ils firent insérer dans les statuts approuvés par le duc Galéas-Sforza que le commerce par terre serait entièrement libre et qu'il ne serait perçu qu'un droit de 3 deniers par livre sur les marchandises transportées par mer. Plus tard, lorsque Louis XV entreprit de les réconcilier avec la République de Gênes, le Règlement arrêté, par le marquis de Chauvelin, pour faciliter la conclusion de la paix, portait, entre autres conditions, que le commerce de l'Ile serait dégagé de toute entrave. Enfin, on sait tout ce que fit Paoli pour enlever aux Génois le monopole du commerce avec l'étranger, et avec quel succès il réorganisa la marine nationale.

L'administration intelligente du Général avait changé la face du pays; Paoli allait porter les derniers coups aux oppresseurs de sa patrie, lorsque Gênes céda au roi de France ses droits sur la Corse. Par l'article 15 du traité signé à Versailles, le 15 Mai 1768, pour consacrer cette cession, il fut stipulé que la France pourrait établir dans l'Ile des droits d'aides, de gabelles, en un mot, tous ceux des fermes générales. Ces droits disparurent, comme dans la métropole, avec la révolution de 1789. Pendant ces vingt années, le gouvernement Français s'efforça d'assurer au pays la paix et la tranquillité dont il était depuis si longtemps privé. Le commerce et l'industrie furent favorisés; des encouragements directs furent particulièrement accordés à la fabrication de la toile et à celle de la poterie par un arrêt du 26 Juillet 1784.

De 1789 jusqu'à l'inauguration du régime actuel, en 1817, la législation douanière de la Corse subit de nombreuses modifications.

La loi du 4 germinal an II interdit à l'Ile tout commerce direct avec l'étranger. Un arrêté du Directoire, du 5 fructidor an VI, y ordonna la promulgation de l'acte de navigation et de la loi du 27 vendémiaire an II. L'arrêté du 6 prairial an X, qui fut reproduit dans la loi du 8 floréal an XI, soumit le commerce de l'Ile au droit commun, et, par suite, les lois et règlements des Douanes, en vigueur en France, furent promulgués dans les départements du Golo et du Liamone. L'arrêté du 6 prairial an X fut rendu sur la proposition de l'Administrateur Général Miot qui, en vertu des pouvoirs illimités dont il était revêtu, avait pris antérieurement les mesures les plus efficaces pour développer le commerce et l'industrie et, surtout, pour faciliter l'exportation des produits du pays.

Un décret du 12 Juillet 1808 supprima le régime des douanes et n'y maintint que celui de la navigation. Les marchandises de l'Ile furent traitées, en France, comme étrangères jusqu'au 24 Avril 1811, époque à laquelle un décret autorisa l'admission en franchise, sur le continent, de quelques produits du sol.

Ces deux derniers actes étaient en vigueur, lorsque le gouvernement de la restauration reconnut la nécessité de changer un régime qui tendait à isoler le commerce et l'industrie des habitants de l'Ile et à séparer leurs intérêts de ceux de la métropole. Aussi, une ordonnance du 5 novembre 1816 prescrivit l'organisation d'un service régulier de douanes, et, tout en maintenant, à peu de choses près, le régime établi par les décrets de 1808 et de 1811, enjoignit aux autorités locales de proposer les changements réclamés par les intérêts et les besoins du pays.

Trois systèmes se trouvaient en présence :

1° L'assimilation complète à la métropole, c'est-à-dire, le régime que Miot avait fait adopter le 6 prairial an X ;

2º La franchise absolue pour l'entrée et la sortie des marchandises, avec ou sans les droits de navigation;

3º Un système mixte qui, tout en réduisant les droits d'entrée du Tarif général, réservait, cependant, aux produits du pays, le privilége national, sous certaines conditions et restrictions.

Ce système prévalut et fut consacré par une ordonnance royale du 18 octobre 1817, reproduite textuellement dans la loi du 21 Avril 1818, qui règle le régime commercial actuellement en vigueur en Corse.

Les dispositions de cette loi ont été complétées par celles de divers actes qui ont :

1º Fixé un tonnage de rigueur pour l'importation de certaines marchandises (art. 12 de la loi du 7 Juin 1820);

2º Réglementé la circulation et le dépôt, dans le rayon d'une lieue des côtes, de certains produits dont la contrebande se faisait sur une grande échelle, (art. 22 de la loi du 17 Mai 1826 — art. 1er de la loi du 26 Juin 1835 — art. 5 de la loi du 6 Mai 1841);

3º Déterminé les produits naturels et fabriqués admis en franchise sur le continent, ainsi que les justifications à produire pour en obtenir l'expédition et les bureaux par lesquels ils peuvent être admis en France. (Lois du 26 Juin 1835 — 6 Mai 1841 — 26 Juillet 1856 — 18 Avril 1857 — 18 Juin 1859 — 6 Mai 1863, etc.)

Les lois et règlements concernant le régime commercial de la Corse, actuellement en vigueur, sont résumés dans les chapitres suivants.

CHAPITRE II.

Relations avec l'étranger.

§ 1er. — NAVIGATION.

La navigation est soumise, en Corse, au même régime qu'en France (Arrêté du 5 fructidor an VI), sauf l'exception suivante :

Mobilier-Gréement. — Les agrès, apparaux et objets mobiliers embarqués dans les ports de l'Ile n'acquittent que les droits du Tarif spécial de la Corse; mais, comme conséquence, lorsqu'ils sont vendus, dans un des ports du continent, à un capitaine de navire français, ils sont réputés venir de l'étranger, et ne peuvent être affectés au service de ce navire qu'après avoir payé la taxe inscrite au Tarif général. Afin d'éviter des abus, les douanes de la Corse doivent annoter, avec le plus grand soin, les inventaires Série N, n° 5 bis. (Décision du 16 Octobre 1839)

§ 2. — IMPORTATION.

Tarif d'entrée.—Pour l'application du Tarif d'entrée, en Corse, les marchandises peuvent être classées dans quatre catégories :

1° Celles soumises aux droits du Tarif général;

2° Celles soumises à la moitié des droits du Tarif général ;

3° Celles tarifées spécialement ;

4° Celles qui, taxées au poids au Tarif général, jouissent d'une réduction de moitié sur la portion du droit qui excède 5 francs par 100 kilogrammes.

1re *Catégorie*. — Le Tarif général est applicable à toutes les marchandises que ce Tarif n'impose pas au poids (Lois du 21 Avril 1818, art. 3 et 6) et à celles qui sont désignées ci après :

Huiles d'olive et légumes secs (Loi du 17 Mai 1826, art. 3). Minerai de fer (Loi du 9 Juin 1845, art. 5.) Caractères d'imprimerie, Papier, Encre d'impression, Machines à imprimer sur caractères, Térébenthine, Essence de térébenthine, Peaux brutes sèches et fraîches, Fontes brutes, Fers et Aciers en barres. Fromages blancs de pâte molle (Loi du 26 Juillet 1856, art. 15), Ferrailles étrangères. (Loi du 18 Avril 1857, art. 6). Pâtes d'Italie et Semoules, Poissons marinés (Loi du 18 Juin 1859, art. 5 et décision du 25 Février 1859). Stockfisch, Bouchons de liége (Loi du 16 Mai 1863, art. 4). Huiles fixes pures et soudes (Décret du 5 Septembre 1865).

2e *Catégorie*. — Les Denrées coloniales de consommation, autres que les Tabacs en feuilles, et les Tissus de lin ou de chanvre ne sont soumis qu'à la moitié des droits du Tarif général (Loi du 21 Avril 1818, art. 5).

3e *Catégorie*. — Les marchandises suivantes sont spécialement tarifées par les art. 4 et 5 de la loi du 21 Avril 1818 et par l'art. 3 de la loi du 17 Mai 1826 :

Bœufs et Taureaux.

Vaches, Génisses et Bouvillons.

Veaux.

Béliers, Brebis et Moutons.

Agneaux.

Boucs et Chèvres.

Chevreaux.

Porcs.

Cochons de lait.

Viandes salées de porc.

Fromages, autres que blancs de pâte molle.

Poissons de pêche étrangère.

Riz.

Tabacs en feuille et fabriqués.

Tissus de fleuret, sans exception.

En se reportant au tableau des droits publié par l'Administration, on voit que plusieurs de ces marchandises sont, aujourd'hui, soumises aux droits du Tarif général; nous devons faire connaître pourquoi.

A l'époque où un droit spécial a été fixé pour ces objets, les taxes inscrites au Tarif général étaient élevées et la modération de droit accordée par les lois précitées constituait une véritable faveur. Mais depuis, et par suite de l'abaissement successif des tarifs, ces modérations sont devenues des aggravations pour quelques uns des articles dont il s'agit.

Cette anomalie a été signalée au Ministre des Finances qui, sous la date du 30 Novembre 1853, a décidé que le Tarif en vigueur sur le continent devait être appliqué aux objets spécialement tarifés en Corse qui, par suite de modifications apportées à la législation métropolitaine, pouvaient se trouver assujettis à des droits plus élevés que ceux du Tarif général.

Conformément au principe posé par cette décision, les objets de consommation suivants ont été successivement soumis aux droits du Tarif métropolitain :

Béliers, Brebis et Moutons.

Agneaux.

Boucs, Chèvres et Chevreaux.

Porcs.

Cochons de lait.

Viandes salées de porc.

Poissons marinés.

Stockfisch.

Nous ferons observer que, dans les cas de l'espèce, le droit spécial de la Corse ne peut être réduit au taux du Tarif général qu'en vertu d'un décret ou d'une décision ministérielle. (Lettres de l'Administration des 23 septembre 1822 et 27 Mars 1857.)

4ᵉ *Catégorie.* — Pour toutes les autres marchandises taxées au poids, quel que soit le point d'importation, on doit réduire à moitié la portion du droit qui excède 5 francs par 100 kilogr. (Loi du 21 Avril 1818, art. 6).

La surtaxe de navigation doit être proportionnellement réduite pour les droits ainsi modifiés. (Même loi art. 7)

Dans l'application de ces règles, on ramène les centimes à des nombres décimaux, soit en abandonnant ceux qui n'excèdent pas 5, soit en forçant les autres. (Même loi art. 8).

Dans aucun cas, la réduction de droit accordée

par les articles 6, 7 et 8 de la loi du **21 Avril 1818**,
n'est applicable aux marchandises spécialement tarifées par les articles 4 et 5 de la même loi. (Décisions
des 9 Février 1842 et 4 Juillet 1860.)

Pour se conformer à l'esprit de la loi, c'est toujours
le droit porté au Tarif général, et non le droit réduit
·spécialement pour la Corse, qui doit décider si la perception s'effectuera au net ou au brut sur les produits
importés dans l'Ile. (Décision du 3 Avril 1837.)

Règles pour la réduction des droits. — L'Administration avait annoncé, par sa circulaire du 16 octobre
1817, qu'elle adresserait au service des exemplaires du
Tarif où toutes les taxes seraient établies d'après le
résultat de la combinaison que les articles 6, 7 et 8
de la loi du **21** avril **1818** ont en vue d'obtenir. Ce
travail n'ayant pas été fait, les employés se guident,
pour opérer les réductions, sur les exemples de liqui-
dations qui se trouvent dans la circulaire précitée.

En dehors de ces exemples, il se présente trois cas
qui demandent aussi des explications :

1° Lorsque la surtaxe de navigation n'a pas été cal-
culée conformément à l'article 7 de la loi du **28** avril
1816;

2° Lorsque les taxes comprennent les deux décimes;

3° Lorsque l'unité de perception est inférieure au
quintal métrique.

1er Cas. — Avant de procéder à la réduction d'un
droit afférent à une marchandise importée par navire
étranger, on doit s'assurer, préalablement, si la surtaxe

est régulière ou arbitraire, c'est-à-dire, si elle résulte uniquement de l'addition, au droit des importations sous pavillon français, de la surtaxe normale fixée par la loi de 1816, ou si la quotité en a été spécialement déterminée par la loi. Si la surtaxe est régulière, on procède comme l'indique l'article 7 de la loi du 21 avril 1818, c'est-à-dire, qu'on l'ajoute au droit principal, par navire français, réduit de moitié pour la portion qui excède 5 fr. Si elle est arbitraire, on prend, au contraire, pour base des réductions des taxes, le droit des importations en France, sous pavillon étranger, et on réduit simplement ce droit de moitié pour la portion qui excède 5 fr. (Décisions des 25 février 1839 et 4 octobre 1843.)

2me Cas. — Lorsque les taxes inscrites au Tarif général comprennent les deux décimes, on doit réduire à moitié la portion du droit qui excède, non pas 5 fr., comme le porte la loi de 1818, mais ce chiffre augmenté des deux décimes, soit 6 francs. (Décision du 16 juillet 1861.) On procède ensuite comme il est dit ci-dessus pour la surtaxe de navigation.

3me Cas. — Lorsque l'unité de perception est inférieure à 100 kilog., il faut, pour calculer la réduction, élever cette unité au quintal métrique.

Outils introduits par les ouvriers. — Par extension des dispositions de la circulaire nº 781, les outils neufs, introduits par les ouvriers étrangers et qui sont généralement réexportés, peuvent être importés en Corse, en franchise, par ces travailleurs, en nombre proportionné à leurs besoins. (Décision du 27 octobre 1862.)

Ouvrages d'or et d'argent : retour.—La bijouterie fabriquée en Corse n'étant point soumise à la formalité de
la garantie et ne portant, d'ailleurs, aucun caractère particulier qui puisse servir à constater son origine, n'est
pas admissible au bénéfice du retour. (Décisions des
26 juillet 1839 et 13 août 1840.) Il en est de même
des articles d'orfèvrerie et de bijouterie, quoique revêtus du poinçon de garantie, qui, ayant été précédemment expédiés du continent français dans l'Ile, en seraient, ensuite, expédiés à l'étranger ; aucun bureau de
la Corse n'étant classé parmi ceux qui sont autorisés
à constater la sortie desdits objets. (Décision du 20
août 1840.)

Traités de commerce. — Les traités de commerce
sont applicables, en Corse au même titre et sous les
mêmes conditions qu'en France. Toutefois, aucun bureau de l'Ile n'étant ouvert à l'importation des tissus
taxés à la valeur, on doit, pour les importer en Corse,
les diriger préalablement, sous les formalités du transit, sur un port d'entrepôt, pour, de là, être réexpédiés
sur l'Ile, sous les formalités prescrites pour les réexportations d'entrepôt. Les expéditions de Douane, délivrées pour les opérations de l'espèce, doivent contenir toutes les indications nécessaires pour assurer
l'exacte application du droit conventionnel exigible.
(Décisions des 9 février 1842, 4 juillet 1860 et 3 octobre 1863.)

Les alcools, liqueurs et eaux-de-vie en bouteilles
importés en Corse, dans les conditions du traité

Franco-Italien, ne sont pas assujettis à la taxe spéciale de 90 fr. l'hectolitre inscrite à l'article 4 du traité. Il s'agit, en effet, d'un droit compensateur de la taxe de consommation qui frappe ces produits dans la métropole. Or, du moment qu'il n'existe pas d'impôt de l'espèce en Corse, on ne saurait l'y percevoir. (Décision du 1er juillet 1864.)

Restrictions d'entrée. — Des ordonnances du Chef de l'Etat peuvent restreindre l'entrée et la sortie de certaines marchandises aux bureaux qu'elles désigneront. (Loi du 26 juillet 1835. art. 2.)

Les bureaux suivants sont actuellement ouverts : 1° à l'importation des marchandises dénommées dans l'article 22 de la loi du 28 avril 1816 et dans l'article 5 de la loi du 21 avril 1818; 2° à l'importation des marchandises taxées à plus de 20 fr. les 100 Kilog. ou nommément désignées par l'article 8 de la loi du 27 mars 1817, savoir :

Bastia, Ajaccio, Ile-Rousse, Calvi, Bonifacio (Loi du 21 avril 1818, art. 5.) Macinaggio (Loi du 7 juin 1820, art. 12.) Portovecchio (Ordonnance du 7 juillet 1839.) Propriano (Ordonnance du 11 janvier 1842.) St-Florent (Décret du 5 Mars 1851.) Centuri (Décret du 26 septembre 1851.) Sagone (Décret du 18 septembre 1860.) Canari (Décret du 12 février 1862.) Porticciolo (Décret du 28 mars 1863.) Cervione (Décret du 12 août 1863.)

L'importation en Corse des laines peignées ou teintes est restreinte aux mêmes bureaux, par application de la restriction résultant de l'article 1ᵉʳ de la loi du 17 mai 1826. (Voir le tableau des droits publié en 1864.)

Les bureaux de Bastia, d'Ajaccio et de l'Ile-Rousse sont, en outre, ouverts à l'importation des fils de lin et de chanvre que les habitants du pays, et notamment les pêcheurs, sont dans l'usage de tirer de l'étranger. A défaut de types, on doit recourir, pour la vérification, au moyen indiqué par la circulaire n° 1834, note 1ʳᵉ de la page 3. (Décision du 7 juin 1842.)

Les bureaux de Calzarello et de Solenzara sont seulement ouverts à l'importation des marchandises taxées à moins de 20 fr. les 100 kilogrammes et au cabotage.

L'importation et l'exportation des grains, farines et légumes secs ne peut avoir lieu que par les bureaux suivants :

1° *A l'entrée et à la sortie* : Bastia, Ajaccio, Ile-Rousse, Calvi, St-Florent, Macinaggio, Cervione et Bonifacio. (Ordonnances des 17 janvier et 23 août 1830, 18 juillet 1840.)

2° *A l'entrée seulement :* Canari, Centuri et Porticciolo. (Ordonnances des 18 juillet 1840, 25 décembre 1844, arrêté du 21 juin 1849.)

3° *A la sortie seulement* : Propriano. (Ordonnance du 23 août 1830.)

Le Directeur de Bastia est autorisé à lever, exceptionnellement, la restriction d'entrée qui existe pour certaines pièces détachées de machines, lorsqu'elles sont importées en petit nombre. L'attache de l'Administration n'est nécessaire que lorsque les importations ont pour objet de fortes quantités, ou qu'il s'agit de machines proprement dites. (Décision du 21 novembre 1850.)

Restrictions de tonnage. — Les marchandises désignées en l'article 22 de la loi du 28 avril 1816, ne peuvent être admises, par les bureaux ouverts à leur importation, que lorsqu'elles y arrivent sur des bâtiments de 20 tonneaux et au-dessus (Loi du 7 juin 1820, art. 12.)

Le Directeur de Bastia est autorisé à fixer, selon les circonstances, le tonnage des navires chargés de réexporter les marchandises prohibées provenant de saisies, bien que cette disposition n'ait pas été rappelée par la circulaire n° 1679, relative au tonnage de rigueur. (Décisions du 13 juillet 1827 et 23 mai 1838.)

Transbordements. — Ils sont, par exception, autorisés dans le port de Bastia, où il n'existe pas d'entrepôt, mais sous l'accomplissement des formalités prescrites, pour les transbordements en général, par la circulaire n° 1846 (Décision du 15 janvier 1848.)

Le service est autorisé à ne pas exiger l'accomplissement des formalités prescrites par la circulaire précitée pour les marchandises chargées à Livourne sur les bateaux à vapeur de la compagnie Valery et qui

sont ensuite transbordées à Bastia, à destination de
Marseille, sur un autre paquebot. Les manifestes de
la douane de Livourne, relatifs à ces marchandises,
doivent être visés par le Consul de France au départ
et par la douane à Bastia, et représentés à la douane
de Marseille. (Décision du 18 juillet 1861.)

§ 3. — EXPORTATION.

Le Tarif général est, quant à la sortie, appliqué en
Corse, sans aucune modification. (Loi du 16 mai 1863,
art. 4.)

CHAPITRE III.

—

Relations avec le continent français.

——

§ 1er. — EXPÉDITIONS DE FRANCE EN CORSE.

1° Marchandises tirées de la consommation. — Régime. — Mode d'expédition. — Les produits, denrées et marchandises, expédiés du continent français en Corse, ne paient aucun droit de sortie ni d'entrée, sauf à être soumis aux conditions du Tarif général, s'ils passent définitivement à l'étranger. (Lois des 8 floréal an XI, art. 65, et 21 avril 1818, art. 11.)

Les expéditions ont lieu sous l'accomplissement des formalités prescrites, par les Règlements généraux, pour le cabotage d'un port à un autre de la métropole. (Loi du 8 floréal, an XI. art. 68.) Toutefois, comme les abus sont, dans ces expéditions, moins à craindre que lorsqu'il s'agit d'envois d'un port à un autre du continent français, le service peut, tout en exigeant des déclarations régulières, accorder des facilités pour les vérifications et l'embarquement. (Décision du 27 septembre 1833.)

Les objets dont l'exportation à l'étranger est prohibée, ne peuvent être expédiés, du continent en Corse, qu'en vertu d'autorisations spéciales. (Lois du 8 floréal an XI, art. 67.)

2º *Marchandises tirées des entrepôts métropolitains ou transbordées.* — *Mode d'expédition.* — *Régime.* — *Surtaxes.* — *Traités.* — Bien qu'il n'existe pas d'entrepôts en Corse, les navires qui chargent, dans les ports d'entrepôt du continent, des marchandises de cabotage à destination de l'Ile, peuvent faire entrer dans leur cargaison des objets non prohibés extraits de ces entrepôts, à la charge de payer immédiatement, à leur arrivée, les droits en vigueur dans l'Ile. La même disposition est applicable aux transbordements, nonobstant la réserve insérée dans la circulaire nº 1846. Les marchandises dont il s'agit doivent être expédiées sous les formalités générales des mutations d'entrepôt et des transbordements. Leur débarquement en Corse est affranchi du droit de permis. Les acquits-à-caution doivent donner exactement les indications nécessaires pour l'application du Tarif en Corse : *provenance primitive, pavillon importateur en France, etc.* (Décisions des 6 mai et 28 juillet 1824, 11 juin et 5 août 1841, 10 août 1858.)

Les marchandises tirées des entrepôts de l'Empire ou transbordées sont soumises au régime ci-après :

1º Celles qui sont passibles d'une surtaxe spéciale, en raison de leur provenance, doivent, lorsqu'elles ont été importées en France, par navire français, et que leur importation en Corse a lieu également par navire français, payer dans l'Ile, s'y elles n'y sont pas spécialement tarifées, les mêmes droits qu'elles auraient payé sur le continent, sauf l'application des dispositions particulières relatives au Tarif de la Corse;

2º Quand elles ont été primitivement importées en

France par navire étranger, ou lorsque leur origine n'est pas justifiée, elles sont traitées, à leur importation en Corse, par navire français, comme celles qui arrivent des entrepôts, c'est-à-dire, des pays étrangers en Europe;

3° Si l'importation s'effectue en outre en Corse par navire étranger, les marchandises supportent de plus les surtaxes de navigation ;

4° Si les droits ne varient point suivant le lieu d'extraction, les marchandises ne supportent la surtaxe de navigation, quel que soit le pavillon sous lequel elles sont entrées en France, que lorsqu'elles arrivent en Corse par navire étranger ;

5° Si les marchandises sont originaires d'un pays avec lequel la France a un traité de commerce, elles sont admissibles en Corse aux droits portés audit traité, même quand il s'agit de tissus taxés à la valeur (voir page 18), sauf l'application des dispositions particulières relatives à la Corse.

Du rapprochement des dispositions ci-dessus relatives aux surtaxes, il résulte que, pour la surtaxe de navigation, ce sont les circonstances de l'importation en Corse qui doivent régler les perceptions, et que, pour la surtaxe de provenance, au contraire, il faut se reporter aux circonstances de l'arrivée dans les entrepôts du continent. (Décisions des 6 mai 1824, 4 avril 1835, 29 octobre 1838 et 10 juillet 1840.)

§ 2. — Expéditions de corse en france.

Produits admis en franchise. — Aux termes de la loi du 26 juin 1835, les produits du sol et des fabriques de la Corse qui peuvent être admis en exemption de droits sur le continent, doivent être déterminés par des ordonnances réglant, en outre, la nature, la forme et les conditions des justifications à produire pour en obtenir l'expédition. Ces ordonnances doivent être converties en lois.

On s'est conformé au vœu de la loi précitée pour les produits fabriqués; ils ont été désignés par les lois des 6 mai 1841, 26 juillet 1856, 18 avril 1857, 18 juin 1859 et 6 mai 1863. Il n'y a d'exception que pour les Ouvrages en pierres du pays propres aux arts, les Poissons marinés et l'Huile extraite de ces poissons, les Eaux de fleurs d'oranger et les Essences de bigarrades et de petits grains, les Poissons salés provenant des étangs du pays et les Cuillers et Fourchettes en racines de bruyère ou en bois : ces divers produits ne sont admis, en franchise, sur le continent, qu'en vertu de simples décisions administratives dont les dates sont indiquées ci-après. (*Voir le* § 1er *de la nomenclature des produits fabriqués*, page **29**.)

Quant aux produits naturels, la nomenclature n'en a été fixée, jusqu'à ce jour, que par des décisions administratives. Cette nomenclature, arrêtée par le Directeur Général des douanes le **28** mai 1836, a été successivement modifiée. Les produits y sont dénommés avec les distinctions et selon les termes indiqués par le Tarif général. Une ampliation doit en être déposée dans les bureaux de la Corse, et dans ceux du Continent qui sont ouverts à l'importation des produits originaires de l'Ile, pour servir d'instruction et de règle aux employés. (Décisions des 10 mars et **28** mai 1836, et 11 juin 1841.)

Sont, dans l'état actuel de la législation, admis à jouir de l'immunité :

1° LES PRODUITS NATURELS DONT LE DÉTAIL SUIT :

Animaux vivants. — Bœufs, Chevaux, Moutons, Sangsues.

Dépouilles d'Animaux. — Crins, Laines en masse, Peaux brutes, Poils, Viandes fraîches de boucherie.

Produits et dépouilles d'Animaux. — Cire jaune non ouvrée, Engrais, Miel, Oreillons, Sang de bétail, Soie en cocons, Suif brut, Tortues, Cocons ou nids de chenilles.

Pêches. — Anguilles vivantes, Coquillages pleins des étangs de la Corse.

Substances propres à la médecine. — Mousse marine.

Matières dures à tailler. — Cornes brutes, Os et Ongles de bétail.

Farineux alimentaires. — Alpiste, Avoine, Châtaignes et leur farine, Froments, Haricots, Lupins, Maïs, Millet, Orge, Pois chiches, Pommes de terre, Seigle.

Fruits de table, fruits et grains à ensemencer. — Amandes en coque ou cassées, Cédrats salés à l'eau de mer, Citrons frais, Figues, Noix communes, Olives, Oranges fraîches, Raisins, Graine de Garance.

Denrées Coloniales. — Tabacs en feuilles destinés à la Régie.

Graines oléagineuses et sucs végétaux. — Graine de lin, Graine de pin, Huile d'olive.

Espèces médicinales. — Herbe, Fleur et Graine de lavande.

Bois communs. — Bois à brûler, Bois à construire, Bois merrains de chêne et de châtaignier, Charbons de bois, Echalas, Liége rapé et brut revêtu de sa croûte gercée, Osier en bottes, Perches, Bois de buis.

Fruits, tiges et filaments à ouvrer. — Calebasses vides, Chanvre en tige, Ecorce de tilleul pour cordages, Lin en tige, Joncs de marais.

Teintures et tannins. — Ecorce de chêne-liége et de chêne-vert, Ecorce de pin, Garance en racine, Lichens tinctoriaux, Mortina.

Produits et déchets divers. — Agaric brut, Bulbes et Oignons, Chardons cardières, Drilles, Fourrages, Légumes verts, Plants d'arbres, Grignons (Marc d'olive sec), Feuilles sèches et triturées, Feuilles de laurier sèches non triturées.

Matières Minérales. — Pierres, Terres et autres fossiles, Granit, Marbre brut, Minerai de plomb, de Cuivre, d'Antimoine, Amiante, Mattes de cuivre, lorsque leur richesse en cuivre ne dépasse par 75 p. 0/0.

Boissons. — Eaux minérales, Vin, Vinaigre de vin.

N. B. Jouissent également de la franchise les bouteilles et autres récipients de verre contenant des liquides originaires et importés de la Corse. (Décision du 1er Avril 1863.)

Décisions administratives des 28 Mai 1836, 11 Juin 1841, etc. etc.

2° LES PRODUITS FABRIQUÉS CI-APRÈS DÉSIGNÉS (1) :

§ 1er. Poissons marinés dans les ateliers situés à la résidence d'un Receveur des douanes et Huile extraite de ces poissons. (Décisions des 21 Février 1837 et 7 Juin 1839.) Ouvrages en serpentines et autres pierres propres aux arts fabriqués dans les ateliers situés à la résidence d'un Receveur des douanes (Décision du 1er Août 1837.) Eaux de fleurs d'orangers et essences de bigarrade et de petits grains. (Décision du 7 Août 1837.) Poissons provenant des étangs de la Corse, salés dans les ateliers situés à la résidence d'un Receveur des douanes. (Décisions des 26 Août 1822 et 28 Décembre 1850.) Cuillers et Fourchettes en racines de bruyère ou en bois. (Décision du 4 Mai 1865.)

§ 2. Marbres polis ou ouvrés, Coussinets en fonte pour chemins de fer, Livres imprimés, Fromages de lait de brebis, connus sous le nom de Bruccio, Résines de toute sorte, Peaux tannées et apprêtées, Fers forgés en massiaux ou prismes, Fontes moulées, Aciers de cémentation, Essieux bruts pour locomotives ou voitures. (Loi du 26 Juillet 1856, art. 15.) Débris de fonte au dessous de 15 kilogrammes, Vieux moulages hors de service, Débris de fer et de tôle. (Loi du 18 Avril 1857, art. 5.)

---

(1) Cette nomenclature a été divisée en plusieurs §es afin de distinguer : 1° Dans le § 1er, les produits qui, contrairement au vœu de la loi, ne sont admis en franchise sur le continent qu'en vertu de simples décisions administratives, (voir page 26) ; 2° Dans le § 2, ceux qui, admissibles d'ailleurs par tous les autres bureaux ouverts à l'entrée des produits de la Corse, peuvent, en outre, être reçus en franchise par les ports d'Arles et de Port-de-bouc. (Voir page 57).

§ 3. Brai sec, Chanvre et lin teillés et peignés, Eaux-de-vie de baies d'arbousier, Fers étirés en barres de toutes dimensions, lorsque l'origine en sera constatée, au vu des échantillons, par les Commissaires-Experts du Gouvernement; Fontes en masse du poids déterminé pour celles qui proviennent de l'étranger, Goudron, Groisil, Poissons de mer salés dans les ateliers situés à la résidence d'un Receveur des douanes, Potasses, Soies-gréges, Soudes naturelles, Tartre brut, Marbres sciés. (Ordonnance du 26 Février 1836 et loi du 6 Mai 1841.) Alcool fabriqué par la distillation de l'asphodèle, des figues de Cactus, des baies de Genièvre, de myrtille et de toutes autres substances, à l'exception des substances farineuses, quand la distillation de celles-ci est défendue. (Loi du 26 Juillet 1856 art. 15.) Pâtes d'Italie et Semoules. (Loi du 18 Juin 1859.) Bouchons de liége. (Loi du 16 Mai 1863.) Savons autres que de parfumerie. (Décret du 5 Septembre 1865.)

Les produits qui ne figurent pas dans les nomenclatures qui précèdent, mais qui sont admis en franchise, d'après le Tarif général, à leur importation de l'étranger, comme le Coton, par exemple, doivent, naturellement, lorsqu'ils sont originaires et importés de la Corse, être admis également en franchise, attendu qu'on ne peut pas les traiter plus défavorablement que les similaires étrangers. L'origine doit en être justifiée. (Décision du 21 Mai 1864.) Pour ces produits, il n'existe pas de restriction d'entrée, ils peuvent être importés de la Corse par tous les ports du continent indistinctement. (Décision du 6 Novembre 1862.)

En accordant la franchise des droits d'entrée, en France, à divers produits manufacturés de la Corse, la loi a eu en vue non-seulement de procurer un écoulement avantageux aux provenances du sol de l'Ile, mais encore d'y faire naître et d'y développer tous les genres d'industrie dont les produits peuvent être importés dans la métropole sans risquer d'y faciliter l'introduction des produits similaires étrangers. Lorsque aucun de ces risques n'est à redouter, la franchise est acquise aux produits ci-dessus désignés fabriqués en Corse, même avec des matières premières tirées de l'étranger. Toutefois, le Directeur de Bastia doit prendre l'attache de l'Administration avant d'autoriser le service à admettre les certificats d'origine concernant les produits fabriqués dans ces conditions. (Décision du 28 Mars 1846.)

Mode d'expédition. — Formalités. — Conditions. — Les produits du sol et des fabriques de la Corse, admissibles en franchise dans les ports de la métropole, doivent, pour jouir de ce bénéfice, être accompagnés d'acquits-à-caution qui ne sont délivrés que sur la présentation et le dépôt de certificats d'origine émanant des magistrats des lieux de récolte. Pour les Huiles et les Céréales ces certificats ne sont valables que revêtus du visa du Préfet, accordé d'après l'avis du Directeur des douanes. (Ordonnance du 1er Juillet 1835, art. 6 — 26 Février 1836, art. 2 — Loi du 6 Mai 1841, art. 6.)

Les Huiles qui sont expédiées par les bureaux de Calvi et de l'Ile-Rousse doivent, en outre, être accompagnées d'échantillons, à cause des facilités qui sont accordées pour l'embarquement dans ces deux localités, par exception au régime du cabotage.

Les échantillons prélevés doivent être enfermés dans une boîte qui est ensuite scellée ou plombée (Décision du 24 Janvier 1835 et 3 Mars 1837). Cette disposition exceptionnelle est exclusivement applicable aux huiles embarquées à Calvi et à l'Ile-Rousse (Décision du 5 Mai 1852). (1)

Pour les marchandises comprises dans les trois paragraphes de la nomenclature des produits fabriqués admis en franchise sur le continent français, la délivrance de l'acquit-à-caution est subordonnée aux conditions suivantes :

1° Tout fabricant ou chef d'atelier doit faire, au bureau des douanes le plus voisin, la déclaration préalable de la situation de son établissement, de l'espèce et de la quantité présumée des marchandises qui seront produites annuellement, ainsi que de l'origine et de la nature des matières premières employées à leur fabrication;

2° Les ateliers ainsi déclarés sont soumis aux visites, exercice et recensement des employés des douanes, qui peuvent y procéder sans le concours des autorités locales;

3° L'Administration peut soumettre aux formalités du compte-ouvert ceux desdits établissements pour

---

(1) Les chargements d'huiles s'opérant presque toujours aujourd'hui à Calvi et à l'Ile-Rousse d'après les règles prescrites pour le cabotage, le prélèvement d'échantillons n'a lieu que très-rarement.

lesquels, à raison de leur nature et de leur situation, cette formalité est jugée nécessaire;

4° Les marchandises ne sont expédiées que sur la présentation et le dépôt de certificats d'origine délivrés conformément à ce qui est réglé, pour les huiles et les céréales, par le troisième paragraphe de l'article 6 de la loi du 6 Mai 1841. (Ordonnance du 26 Février 1836, art. 2 — Loi du 6 Mai 1841, art. 7.)

Lorsque la formalité de l'acquit-à-caution a été ainsi prescrite, les divers produits auxquels elle s'appliquait étaient ou prohibés ou frappés de droits à la sortie. Cette mesure se rattachait, en outre, à un ensemble de dispositions prises pour combattre les versements frauduleux, sur les côtes de la Corse, de marchandises étrangères qui étaient ensuite introduites dans les ports de la métropole, par la voie du cabotage.

Le régime appliqué à la Corse par les lois du 26 Juin 1835 et du 6 Mai 1841, a mis fin aux abus qui se pratiquaient dans le passé : d'un autre côté, la suppression, sauf de rares exceptions, des droits de sortie, et les changements considérables introduits dans le Tarif d'entrée, ont changé les conditions dans lesquelles on se trouvait à cette époque. Dans cette situation, il a semblé que le moment était venu d'étendre aux expéditions de la Corse en France le Régime général du cabotage, c'est-à-dire, de ne maintenir l'acquit-à-caution que dans le cas où il en est fait usage pour les transports des produits nationaux d'un port à un autre de la métropole. En conséquence, le Ministre des finances a décidé, le 31 Août 1860, que le passa-

vant serait, *à titre d'essai*, substitué à l'acquit-à-caution,
à l'égard des produits de l'Ile admissibles en France,
sous la condition que le commerce continuerait à
produire, au moment de l'embarquement, des certificats d'origine délivrés par les autorités locales. (Circulaire n° 684.) On ne doit plus assujettir à l'acquit-à-
caution que les armes et munitions de guerre, les
drilles, la pâte à papier, l'acide arsénieux. (Circulaire
n° 886.)

Comme complément de cette mesure, le Ministre a
également décidé, le 11 Octobre 1861, que l'embarquement des produits suivants, qui sont exempts de
droits tant à l'entrée qu'à la sortie, serait affranchi de
la formalité du certificat d'origine, devenu sans objet,
savoir :

Minerais de toute sorte, Charbon de bois, Bois à
construire, Garance en racine, Seconde écorce de chêne-
liége, Ecorce de chêne-vert. (Lettre de l'Administration
du 24 Octobre 1861.)

Cette décision semble applicable aux autres produits
originaires de la Corse admis en franchise sur le continent et dont les similaires sont également exempts
de toute taxe à leur introduction de l'étranger.

Les expéditions délivrées par les douanes de la
Corse, pour les marchandises soumises à l'embarquement à la formalité du certificat d'origine, doivent,
d'ailleurs, faire mention de la présentation et du dépôt
desdits certificats. (Décision du 16 Avril 1836.) C'est
toujours au vu des indications données par ces expéditions, et après reconnaissance de l'origine, que les
douanes de destination doivent permettre la libre

entrée des marchandises expédiées de la Corse. (Décisions des 7 Décembre 1849 et 3 Mars 1856.)

Marchandises de retour. — Les marchandises d'origine française restées invendues en Corse peuvent, sur l'autorisation des Receveurs Principaux à Bastia et à Ajaccio, et sous justification de leur origine française et de leur expédition primitive d'un port français en Corse, être réexpédiées sur les ports ouverts en France au commerce de l'Ile. Les douanes de destination permettent l'entrée en franchise desdits objets, après reconnaissance de l'origine française. Les expéditions délivrées au départ doivent, comme on l'a dit plus haut, contenir tous les renseignements nécessaires sur cette origine.

Le Directeur à Bastia rend compte à l'Administration, par un état semestriel, des autorisations de l'espèce accordées par les Receveurs principaux. (Décisions des 7 Décembre 1849 et 20 Novembre 1863.)

Produits non admis en franchise. — *Régime.* — *Mode d'expédition.* — Tous les produits du sol et des fabriques de la Corse qui, d'après la législation en vigueur, ne sont pas admis en franchise sur le continent, et les marchandises qui ne sont pas admises à jouir du bénéfice du libre retour, doivent acquitter, à leur entrée en France, les droits du Tarif général, comme s'ils venaient de l'étranger. (Loi du 21 Avril 1818, art. 10, § 3.)

Les marchandises qui sont ainsi exclues de l'immunité des droits ne sont accompagnées, à leur départ de la Corse, d'aucune expédition de cabotage, mais elles doivent figurer sur le manifeste de sortie prescrit par le 1er § de l'article 2 de la loi du 5 Juillet 1836, et, par suite, sur le manifeste d'entrée que le capitaine est tenu de remettre lors de son arrivée dans un port du continent. (Décision du 12 Septembre 1836.)

Admissions exceptionnelles. — Lorsque l'Administration autorise, par exception, l'admission en franchise sur le continent de produits qui ne jouissent pas de l'immunité des droits, il suffit, pour obtenir la libre entrée de ces produits en France, après vérification, qu'ils soient accompagnés d'une expédition indiquant l'origine desdits produits et relatant la décision de l'Administration. On doit procéder de même lorsque l'autorisatiou exceptionnelle émane du Directeur à Bastia en vertu d'une délégation qui lui a été faite par l'Administration pour certains cas. (Décisions des 3 Mars 1856 et 4 Mars 1863.)

Mode d'expédition des Tabacs. — Le commerce des tabacs n'étant pas libre en France, on a adopté, pour cette denrée, un mode d'expédition qui s'écarte des règles tracées par la Décision du 12 Septembre 1836. Les tabacs en feuilles récoltés dans l'Ile et achetés par la Régie peuvent lui être livrés en franchise, mais le Directeur général des tabacs doit donner avis des achats de l'espèce au Directeur général des douanes qui transmet, lorsqu'il y a lieu, les instructions nécessaires tant pour le mode d'expédition au départ de la Corse des quantités achetées, que pour leur libre admission dans le port du continent où l'importation doit s'effectuer. (Décision du 17 Janvier 1848.)

Quant aux tabacs fabriqués, ils ne peuvent être expédiés que sur un port où il existe un entrepôt des marchandises prohibées et, indépendamment de la mention qui doit en être faite sur le manifeste, aux termes de la Décision précitée du 12 Septembre 1836, ils sont, en outre, assujettis à la formalité de l'acquit-à-caution. (Décisions des 29 Septembre 1834 et 15 Février 1851.)

Restrictions d'entrée. — L'admission en franchise des produits du sol et des fabriques de la Corse ne peut avoir lieu que par les ports ci-après désignés :

Toulon, Marseille, Cannes, Cette, Agde, Bayonne, Bordeaux, Nantes, Sᵗ-Malo, Le Hâvre, Honfleur, Rouen et Dunkerque. (Lois des 21 Avril 1818, art. 10 — 6 Mai 1841, art. 6.) Antibes (Ordonnance du 9 Juin 1844.) La Seyne (Décret du 11 Septembre 1857.) Sᵗ-Tropez et Sᵗ-Valery-sur-Somme. (Décret du 26 Septembre 1859.) Nice. (Décret du 18 Juin 1860.) Sᵗ-Raphaël. (Décret du 11 Décembre 1864.) Monaco. (Décret du 20 Décembre 1865.)

Les bureaux d'Arles et de Port-de-Bouc ne sont ouverts qu'à l'importation des produits désignés par les articles 15 et 5 des lois des 26 Juillet 1856 et 18 avril 1857 et qui font l'objet du § 2 de la nomenclature des produits fabriqués. (Voir page 29.)

Le bureau de Port-de-Bouc peut, en outre, recevoir, en franchise, les huiles d'olive. (Décision du 3 Mai 1858.)

L'extension qui a été faite, par la Circulaire nᵒ 684,

du régime de cabotage aux expéditions des produits
de la Corse sur le continent, n'entraîne pas l'admission
de ces produits par tous les bureaux au même titre
que les marchandises françaises transportées d'un port
à l'autre de l'empire. Cette circulaire a eu pour unique
objet de régler le mode d'expédition des produits; elle
n'a nullement modifié le système des restrictions d'entrée. Ainsi, les marchandises originaires de la Corse,
dont les similaires sont passibles de droits à leur introduction de l'étranger, ne sont admissibles que par
les bureaux ci-dessus désignés. Mais celles dont les
similaires étrangers sont exempts de taxes, le coton,
les bois à construire et les charbons de bois, par exemple, peuvent être importées de la Corse par tous les
ports du continent indistinctement. (Décision du 6 novembre 1862.)

Expéditions mixtes. — Facilités. — Les paquebots à
vapeur de la Cᵉ Valery, qui desservent la ligne de Marseille à Livourne, en faisant escale à Bastia, sont autorisés à embarquer dans ce dernier port, avant leur départ pour Livourne, des fontes brutes destinées à être
déchargées à Marseille, sous la condition que ces fontes
seront exclusivement prises parmi celles portant comme marque le nom de l'Usine de Toga, afin d'assurer
la reconnaissance de leur identité à l'arrivée. (Décision
du 7 Avril 1856).

Les paquebots de la même ligne et ceux de la ligne
de Portotorres à Marseille, avec escale à Ajaccio, sont
autorisés à embarquer en Corse, en cabotage, à desti-

nation de Marseille, des peaux brutes, nonobstant
l'existence à bord de marchandises similaires prises à
l'étranger. Cette concession est subordonnée aux conditions suivantes : d'une part, que le nombre et le
poids des peaux embarquées en Corse soient constatés exactement, et, en second lieu, que les manifestes
soient, en ce qui concerne les produits similaires
chargés à l'étranger, visés par nos consuls sur les
points d'embarquement, ou, à défaut de consuls, par
la douane locale étrangère. (Décisions des 30 Mai,
17 Juin et 19 Août 1857.)

Les navires à voiles français qui, de Bastia, vont, à
l'Ile-d'Elbe, charger des minerais destinés pour Marseille sont autorisés, comme les bateaux à vapeur de
la Cᵉ Valery, à charger à bord, en cabotage, des fontes
destinées aussi pour Marseille. Cette faculté n'est accordée que pour les fontes portant, dans le moulage,
la marque de l'usine de Toga. (Décision du 19 Mai 1857.)

CHAPITRE IV.

Police du rayon.

La circulation et le dépôt des marchandises dénom-mées en l'article 22 de la loi du 28 avril 1816 et en l'article 5 de la loi du 6 mai 1841 donnent lieu à l'application, en Corse, des articles 35, 36, 37, 38 et 39 du titre XIII de la loi du 22 août 1791, des articles 4, 6, 7 et 8 de l'arrêté du 10 août 1802 et des articles 38 et 39 de la loi du 28 avril 1816, mais, seule-ment, dans le rayon de 4 kilomètres (une lieue) de la côte, et pour les quantités qui excèderont 15 mètres de tissus et 5 kilogrammes d'autres objets, sans que d'ailleurs les expéditions de douanes présentées com-me justification d'origine cessent d'être valables pen-dant une année entière, à partir de leur date. (Loi du 17 mai 1826, art. 22 — Loi du 6 mai 1841, art. 5.)

Voici la nomenclature des marchandises soumises à à ce régime spécial :

1º Sucres bruts et terrés, — Café, — Cacao, — Indigo, — Thé, — Poivre, — Piment, — Girofle, — Canelle, — Cassia lignea, — Muscades, — Macis, — Cochenille, — Orseille, — Rocou, — Bois exotiques de teinture et d'ébénisterie, — Cotons en laine, — Gommes et Ré-sines autres que d'Europe, — Ivoire, Caret et Nacre de Perle, — Nankin des Indes. (Loi du 28 avril 1816, art. 22.)

2° Marchandises prohibées à l'entrée d'après le Tarif général, (1) — Céréales de toute espèce, — (Loi du 6 mai 1841, art. 5.)

3° Acier, — Cordages de chanvre, — Fers en barres, — Fers blancs, — Fromages, — Huile d'olive, — Laines, — Marbres ouvrés et sciés, — Liqueurs, — Rhum et Eaux-de-vie de toute espèce, — Pâtes d'Italie, — Poissons salés, — Potasses, — Savons, — Toiles, — Viandes salées, — Brai sec, — Goudron, — Chanvre et lin teillés et peignés, — Fonte, — Groisil, — Soude naturelle,—Tartre brut.—(Loi du 6 mai 1841, art. 5, et tableau *B* y annexé.)

Il résulte des dispositions qui régissent la police du rayon :

1° Qu'aucune des marchandises dont le détail précède ne peut circuler dans le rayon d'une lieue de la côte, que de jour et avec un passavant, et que, lorsque la circulation des mêmes objets est exceptionnellement autorisée la nuit, mention expresse doit être faite de cette autorisation sur le passavant;

2° Que les passavants ou expéditions pour l'enlèvement de ces marchandises ne sont accordés que pour les espèces et quantités à l'égard desquelles les dispositions relatives au compte-ouvert ont été remplies;

3° Que tout magasin, dépôt ou entrepôt de ces marchandises est formellement défendu dans les lieux dont

---

(1) Nous croyons devoir faire-observer que les marchandises qui sont tarifées en Corse, mais qui sont prohibées sur le Continent, comme les tabacs, par exemple, sont soumises, dans l'Ile, à la police du rayon.

3*

la population agglomérée est de moins de **2,000** âmes;

4° Qu'aucune fabrique ou atelier quelconque ne peut s'établir, sans le consentement de la Douane, sauf recours au conseil d'Etat, dans les lieux dont la population agglomérée n'atteint pas le chiffre indiqué au § précédent;

Les contrevenants à ces diverses dispositions sont passibles, suivant le cas, de la confiscation des marchandises, d'une amende et d'un emprisonnement qui peut aller jusqu'à trois ans. (Voir le tableau des contraventions transmis par la circulaire n° **2046.**)

A Bastia, où la consommation locale laisse disponible, entre les mains du commerce, des preuves d'extraction suffisantes pour couvrir et au delà toutes les introductions frauduleuses qui pourraient être effectuées, la douane est autorisée à ne pas tenir de compte-ouvert pour les marchandises sujettes à justification dans le rayon. Les passavants de circulation sont délivrés sur les simples déclarations des vendeurs lesquelles restent déposées au bureau, où elles sont revêtues d'un numéro d'ordre et enliassées. (Décision du 14 août 1862.)

CHAPITRE V.

Sels et Pêches.

§ 1ᵉʳ. *Sels.* — Les sels ont toujours été soumis en Corse à un régime spécial et exceptionnel. L'existence des Gabelles dans l'Ile se révèle par un grand nombre d'actes ; nous nous bornerons à citer un arrêt du conseil d'Etat du 11 août 1780, portant règlement sur la vente de cette denrée, qui était alors achetée, dans les magasins du roi, à raison de *7 livres 10 sols par quintal*, poids de Marc.

La législation actuellement en vigueur dans l'Ile est la même que celle du continent ; seulement, la taxe de consommation du sel n'est que de sept centimes et demi par kilogramme. (Loi du 21 avril 1818, art. 12.) Cette modération de taxe s'oppose à l'admission en franchise, sur le continent, des viandes salées en Corse. (Décision du 1ᵉʳ avril 1848.)

Le déficit constaté en Corse sur des sels accompagnés d'un acquit-à-caution délivré sur le continent est passible de la taxe de 10 fr. les 100 kilogrammes. Le déficit constaté sur un acquit-à-caution délivré dans un port de la Corse n'est soumis qu'au droit spécial de 7 fr. 50 c. par quintal métrique. (Décision du 9 janvier 1847.)

§ 2. *Pêches.* — Les conditions et restrictions établies par la décision du 22 janvier 1853, relative à l'avitaillement des navires italiens qui exercent leur industrie sur les côtes de France, n'est pas applicable, en Corse, aux bateaux corailleurs.

Le régime particulier auquel ces derniers doivent être soumis a été déterminé par une décision du 26 avril 1842 aux termes de laquelle les provisions de bord, qui leur sont destinées, sont affranchies de tout droit d'entrée lorsqu'elles sont placées sous la clef de la douane et que leur réembarquement peut être régulièrement constaté par le service. (Décision du 1er avril 1853.)

Quant aux produits* de la pêche, ils sont aujourd'hui exempts de toute taxe. (Loi du 16 mai 1863.)

La Décision administrative du 1er octobre 1840, aux termes de laquelle les bateaux étrangers qui se livrent à la pêche du poisson sur les côtes de France doivent payer le droit de tonnage une fois par an s'ils pêchent toute l'année, et une fois par saison de pêche s'ils ne restent pas constamment sur notre littoral, est applicable aux bateaux étrangers qui font la pêche du corail en Corse. (Décision interprétative du 15 octobre 1851.) La perception du droit de tonnage doit s'effectuer à l'époque de la première arrivée des bateaux. (Décision du 30 juillet 1827.) Le passeport, dont les Patrons sont tenus de se munir, à leur première sortie du port, est, selon le cas, valable pour l'année entière ou pour toute la saison de pêche. (Décision du 1er octobre 1840.) Il doit être renouvelé au départ pour l'étranger. (Décision du 31 décembre 1852.)

CHAPITRE VI.

Statistique commerciale.

§ 1er *Documents annuels.*—La Corse se trouvant dans des conditions différentes du continent, il a paru utile d'exiger la production de documents statistiques spéciaux. C'est ainsi qu'il est établi, chaque année, indépendamment des relevés annuels produits dans toutes les douanes du continent, des résumés et des états de développement présentant l'ensemble des opérations commerciales de l'Ile avec l'étranger. (Décision du 20 décembre 1858.)

§ 2. *Documents trimestriels.* — Il est aussi du plus grand intérêt de suivre le mouvement commercial avec le continent français, afin de pouvoir, en quelque sorte, indiquer périodiquement la marche de l'union plus intime de la Corse avec la métropole.

C'est dans ces vues qu'on s'écarte, pour le bulletin de commerce, du cadre tracé par l'Administration le 24 mars 1862. Des tableaux comparatifs spéciaux sont destinés à constater les importations et les exportations qui constituent les relations par cabotage avec le continent français. Par lettre du 12 juin 1862, l'Administration a approuvé cette mesure, dont elle a reconnu l'utilité.

§ 3. *Classement des marchandises extraites des entre-pôts métropolitains ou transbordées.* — Les marchandises qui sont extraites des entrepôts de l'empire, à destination de la Corse, ayant été inscrites au commerce général sur les états Série *E* nº 44, lors de leur entrée en entrepôt, et l'envoi qui en est fait ultérieurement en Corse ne constituant pas, en fait, une réexportation, il n'y a pas lieu d'en faire article sur les états d'exportation des ports d'expédition. On doit se borner, dans ces ports, à les faire figurer, d'une manière séparée, sur les états de mutation d'entrepôt Série *E* nº 54. En Corse, elles doivent être reprises au commerce spécial seulement, dans les importations des bureaux d'arrivée. On doit indiquer en note, sur ces états, de quel entrepôt ces marchandises proviennent. (Circulaire nº 1920.)

Les marchandises chargées à Livourne et qui sont transbordées à Bastia, à destination de Marseille, sans l'accomplissement d'aucune des formalités exigées par la circulaire nº 1846, sont reprises, par la douane de Marseille, tant au commerce général qu'au commerce spécial. Il n'en est fait aucune mention dans les documents statistiques produits par le bureau de Bastia. (Décision du 18 juillet 1861.)

CHAPITRE VII.

—

Librairie.

L'entrée des livres de toute sorte est subordonnée, en Corse, comme en France, à des restrictions et à des conditions particulières : elle ne peut avoir lieu que par les bureaux de Bastia et d'Ajaccio.

Le bureau de Bastia est ouvert à l'importation, à la réimportation et au transit :

1° Des livres en langue Française imprimés à l'étranger ou en France, ainsi que des dessins, estampes, gravures, lithographies et photographies, avec ou sans texte. (Ordonnance du 13 Décembre 1842.)

2° Des livres en langue Italienne. (Décret du 10 Février 1851.)

3° Des livres en langue Portugaise. (Décret du 14 Février 1852.)

4° Des livres venant de Belgique. (Décret du 19 Avril 1854.)

5° Des œuvres Espagnoles littéraires, scientifiques et artistiques. (Décret du 17 Février 1855.)

Le bureau d'Ajaccio est ouvert à l'importation, à la réimportation et au transit :

1° Des livres en langue Française imprimés à l'étranger ou en France, ainsi que des dessins, estampes, gravures, lithographies et photographies, avec ou sans texte. (Décret du 17 Novembre 1863.)

2° Des livres en langue Italienne, par application de l'article 1er du décret du 10 Février 1851.

FIN.

TABLE DES MATIÈRES.

Pages.

AVERTISSEMENT. 5

CHAPITRE I".

APERÇU HISTORIQUE.

—

Du Régime commercial de la Corse. 7

CHAPITRE II.

RELATIONS AVEC L'ÉTRANGER.

—

§ 1". — *Navigation.*

Mobilier et gréement des navires. 12

§ 2. — *Importation.*

Tarif d'entrée : Classement des marchandises. — On ne doit jamais
réduire le droit des marchandises spécialement tarifées. — Perception
au brut ou au net. 12

Règles pour la réduction des droits. 16

Outils introduits par les travailleurs 17

Retour des ouvrages d'or et d'argent. 18

Traités de Commerce. — Tissus taxés à la valeur. — Taxe de consommation des alcools non exigible en Corse 18

Restrictions d'entrée : — Attributions des divers bureaux de la Direction
de Bastia. 19

Restrictions de Tonnage. 21

Transbordements 21

§ 3. — *Exportation.*

Le Tarif Général de sortie est applicable en Corse 22

CHAPITRE III.

RELATIONS AVEC LE CONTINENT FRANÇAIS.

—

§ 1er. — *Expéditions de France en Corse.*

Pages.

Marchandises tirées de la consommation : — Régime et mode d'expédition 23

Marchandises tirées des entrepôts métropolitains ou transbordées : — Régime. — Surtaxes. — Traités. — Mode d'expédition. 24

§ 2. — *Expéditions de Corse en France.*

Produits admis en franchise. 25

1re Nomenclature : Produits naturels. 27

2e Nomenclature : Produits fabriqués. 29

Mode d'expédition des produits admis en franchise. Formalités, conditions 31

Marchandises de retour. 35

Produits non admis en franchise : — Régime et Mode d'expédition . . 35

Admissions exceptionnelles 36

Mode d'expédition des Tabacs. 36

Restrictions d'entrée : — Bureaux du continent ouverts à l'importation des produits de la Corse. 37

Expéditions mixtes. — Facilités. 38

CHAPITRE IV.

POLICE DU RAYON.

—

Législation spéciale à la Corse 40

Le Compte-ouvert n'est pas tenu à Bastia 42

CHAPITRE V.

SELS ET PÊCHES.

—

§ 1er. — *Sels.*

Taux de la taxe de consommation 43

Droits à appliquer aux déficits constatés en Corse 43

§ 2. — *Pêches.*

Pages.

Régime des provisions de bord des corailleurs 44

Droits de navigation exigibles des bateaux corailleurs 44

CHAPITRE VI.

STATISTIQUE COMMERCIALE.

—

§ 1er. — Documents annuels 45

§ 2. — Documents trimestriels 45

§ 3. — Classement des marchandises extraites des entrepôts métropolitains ou transbordées. 46

CHAPITRE VII.

LIBRAIRIE.

—

Attributions du bureau de Bastia 47

Attributions du bureau d'Ajaccio 47

FIN DE LA TABLE DES MATIÈRES.

MODIFICATIONS.

—

N. B. *Les feuillets qui suivent sont destinés à l'inscription des changements qui seront apportés au Régime commercial de la Corse à-partir du 1er octobre 1866.*

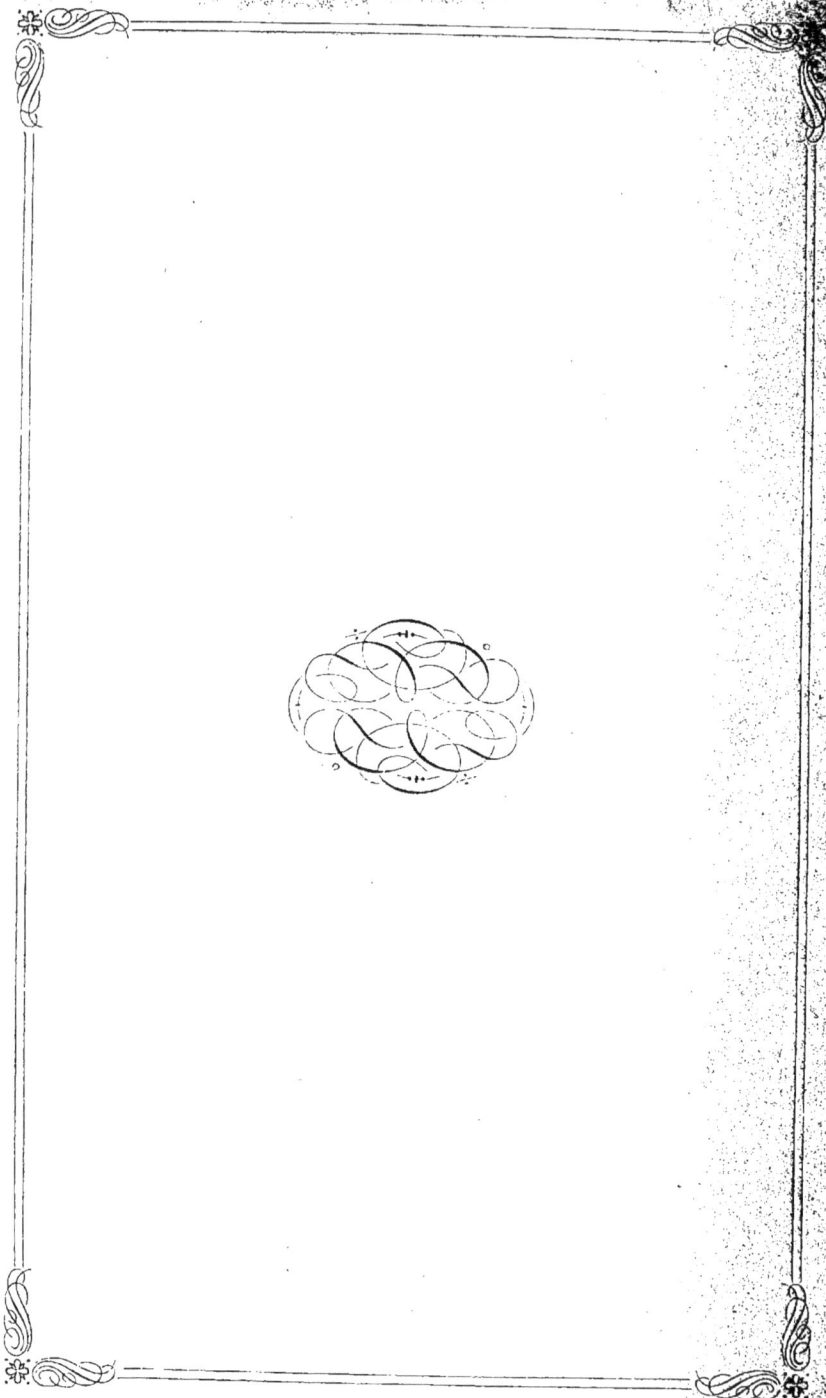

www.ingramcontent.com/pod-product-compliance
Lightning Source LLC
Chambersburg PA
CBHW071526200326

41519CB00019B/6091